Heidi Friedrich

BUCHSTABEN-SUPPE

1. Auflage: März 2015

Herstellung und Verlag:
BoD Books on Demand, Norderstedt

ISBN: 978-3-7347-6926-9

Inhaltsverzeichnis:

Seite 1   Titel
Seite 2   Inhaltsverzeichnis
Seite 4   Vorwort

Kindheitserinnerungen...
Seite 7   Wie alles anfing
Seite 8   Wie es weiterging
Seite 9   Muttis Taschentuch
Seite 10   Nacktschneckeninvasion im Garten
Seite 11   Verregnete Weihnachten

...und Altersweisheit
Seite 15   Allfällige Entrümpelung
Seite 16   Beipackzettel
Seite 17   Wohlmeinende Warnung an die Frauen
Seite 18   Wohlmeinende Warnung an die Männer
Seite 19   Ich geb's auf!
Seite 20   Carpe diem!
Seite 21   C'est la vie
Seite 22   Eselsgeschrei

Alltagsabenteuer
Seite 25   Ach nee!?
Seite 26   Neuzeitplage
Seite 28   Das Interview
Seite 30   Herbstfreuden
Seite 32   Ernüchterndes Wiedersehen
Seite 33   Einem besonders Mutigen zur Hochzeit
Seite 34   Zu hoch gepokert
Seite 35   Sterbehilfe

Gefühlsduseleien

Seite 39	Schön, dass es dich gibt!
Seite 40	Ansichtssache
Seite 41	Brückenidylle
Seite 42	Kaffeesymphonie
Seite 43	Der 53. Geburtstag
Seite 44	Zum Valentinstag

Gedankensplitter

Seite 47	Die Qual der Wahl
	Halloween!?
Seite 48	Beschwerde
Seite 49	Morgenmetaphorisches
	Sonntag
Seite 50	November 2014
	Weiser Rat
Seite 51	Talentfreiheit im Rampenlicht
Seite 52	RTL-Dschungel

Neues aus dem Büro

Seite 55	Kollegentypen: Der Chef
Seite 56	Kollegentypen: Der Feldwebel
Seite 57	Kollegentypen: Der Chaot
Seite 58	Kollegentypen: Der Choleriker
Seite 59	Kollegentypen: Der Ellenbogenmensch
Seite 60	Kollegentypen: Mimosen

Zugabe

Seite 63	Gastbeitrag: Der Ritter
Seite 64	Nachwort/Impressum

Vorwort

liebe leserinnen, liebe leser,

die kleinen und die großen begebenheiten, die kleinen und die großen gefühle sind das motto, unter dem die poetische reise steht, auf die uns heidi friedrich mit dem witz eines heinz erhardt und dem esprit eines christian morgenstern mitnimmt und uns teils charmant, teils burschikos darauf hinweist, dass wir eines niemals verlieren sollten - unseren humor.

norbert schmiedberger
- taon -

Lieber Norbert, liebe Leser(innen),

irgendwie erinnert mich das an ein Gedicht des großartigen Heinz Erhardt, in welchem dieser u.a. seufzt, dass er gern Christian Morgenstern wäre...

An beide komm ich nicht ran :-) trotzdem wünsche ich allen Lesern dieses Büchleins viel Vergnügen damit!

>Drum seh ich's ein und bleib bescheiden:
>Die Ähnlichkeit mit diesen beiden
>ist nicht gerade hoch – ja, niedrig!
>Ich bin halt doch nur... Heidi Friedrich.

Mannheim, im März 2015

KINDHEITS-ERINNERUNGEN...

Wie alles anfing

Als Ulbricht frech im Fernsehen log,
der erste Mensch ins Weltall flog,
als alte Männer Mauern bauten
und mächtig auf den Pudding hauten,
die Welt gar hart am Abgrund wankte,
weil Osten sich mit Westen zankte,
dabei aufs rote Knöpfchen schielte
und mit Atomsprengköpfen spielte -
inmitten all dem Säbelgerassel
und hochmartialischen Gequassel
war'n meine Eltern sehr viel schlauer
als Kennedy und Adenauer:
„Make love, not war!" hieß die Devise,
und Vati tat sein Bestes, diese
brav zu befolgen; alsodann
wuchs ich in Muttis Bauch heran,
bis ich mich durch den Ausgang zwängte
(weil Neugier mich nach draußen drängte)
und angesichts der Szenerie
mein allererstes Wörtchen schrie:

Wie es weiterging

Trotz kalten Kriegs und Mauerbaus
mit Drohgehabe, Irrenhaus,
Damoklesschwerts an dünnem Seil:
Bei uns, da war die Welt noch heil -
im Dorf, wo jeder jeden kannte
und eine Herde Schafe rannte
die Straße runter, wo ja nur
ganz selten mal ein Auto fuhr.
Ums Haus ein riesig großer Garten
mit Bäumen, Sträuchern aller Arten:
Ein Kirsch-, ein Birn-, ein Walnussbaum,
3 Apfelbäume, einmal Pflaum;
Johannis-, Brom- und Stachelbeer,
Rhabarber und noch vieles mehr -
und drumherum Ligusterhecke
von einer bis zur andren Ecke.
Damit das Zeug bloß nicht verdarb
und keiner von uns Hungers starb,
trug Vati kistenweis es rein
und Oma weckte alles ein.
Der Opa kehrt' im Herbst die Blätter
und dachte, wenig Arbeit hätt' er,
wenn er sie auf 'nen Haufen schippte
und Benzin darüber kippte.
An sich war die Idee nicht schlecht,
allein sie klappte nicht so recht:
Die Explosion – ich kann's beschwören! -
war noch im Nachbardorf zu hören,
und nach 'ner Stunde Blätterregen
im Hof durft' Opa nochmal fegen.

Muttis Taschentuch

Allseits gefürchtet wie ein Fluch
war einstmals Muttis Taschentuch,
das sie bei jeder Chance nutzte
und dir damit die Schnute putzte.
In einer Hundertstelsekunde
- du hattst dein Essen just im Munde
und kamst noch nicht zum runterschlucken -
da pflegte sie hineinzuspucken.

Dagegen wehren half dir nicht,
schon hattst du's mitten im Gesicht,
grad noch den Lolli glücklich schwenkend
und an nichts wirklich Böses denkend.
Dann rubbelte sie mit dem Ding,
bis dir die Haut in Fetzen hing.

Ja, wir mussten wohl fast alle
tapfer durch Muttis Spuckefalle.
Heut jedoch weiß ich eine Sache:
Das Taschentuch war Muttis Rache
für ungeniertes Baby-Seiern
und fröhliches auf-Schulter-Reihern!

Nacktschneckeninvasion im Garten
(Wie Oma einst die Welt rettete)

Konspiratives Schneckenmeeting!
Die planen ihr Infanterie-Ding
und treffen sich verstärkt im Garten,
um bald den Blitzangriff zu starten
und gar - das will nichts Gutes heißen! -
die Weltherrschaft an sich zu reißen.

Beliebt sind solche Konferenzen,
kein Schneck käm' je darauf, zu schwänzen:
und nun bespricht die Strategie
der Chef-Schneck mit der Kompanie,
bevor man übergeht zur Tat.
Die kluge Hausfrau, die weiß Rat!

Das Säbelrasseln zu beenden
und dräuend Unheil abzuwenden,
genügt ja meist ein Schlückchen Bier;
damit betrinkt sich das Getier
(dass Kerls hierfür empfänglich sind,
weiß ja inzwischen jedes Kind).

So wird aus der Blitzangriffsfrage
ein zünftiges Bier-Saufgelage.
Und wenn die Krieger dann, die braven,
laut schnarchend ihren Rausch ausschlafen,
nimmt die Hausfrau sie voll Wonne
und begräbt sie in der Tonne.

Dem kriegslüsternen Kampfgeschwader
folgt der illustre Witwenkader
nebst einer alten Baumwollbluse
und etwas Kehricht auf dem Fuße.
So ward, wie sich hier offenbart,
die Welt vorm Untergang bewahrt!

Verregnete Weihnachten

Der Weihnachtsmann hat umgesattelt:
Jetzt kommt er mit dem Boot gepaddelt.
So schwimmt er besser durch die Pfützen -
der Schlitten würd' ihm da nichts nützen.

Er passt sich an der neuen Zeit,
damit auch da, wo's nicht geschneit,
er's zu den lieben Leuten schafft,
um gute Gaben zu verteilen;
die bösen spür'n des Paddels Kraft
dafür auf ihren Hinterteilen! :-)

Ich habs ja anders noch im Kopf
von damals: Ich als kleiner Knopf,
aufs Christkind ungeduldig warten,
inzwischen Schneemann bau'n im Garten...

Und in der Früh an Heiligabend,
noch keine Weihnachtstanne habend,
zog Vati los und später kaum
bracht' er den heißersehnten Baum.
Flugs wurden Möbel weggerückt,
der Baum gestellt und schön geschmückt.

Nur einmal ging die Sache schief,
denn Vati, der zu spät loslief,
ergatterte mit Ach und Krach
den letzten Baum, und der glich schwach
'nem Besenstiel mit Nadeln, ja,
und ein paar Zweigen hie und da.

Sehr viel Lametta zu verteilen
half, ihn zur Schönheit umzustylen.
Doch Vati ging zum Bäumchenpflücker
nie wieder auf den letzten Drücker!

...UND ALTERSWEISHEIT

Allfällige Entrümpelung

Ich ärgerte mich öfters mal,
bis langsam jetzt der Groschen fällt:
Manch einem bin ich schlicht egal,
denn der, der's eisern aufrechthält,
bin immer ich, stets treu ergeben
von früh bis spät und spät bis früh.
Doch war umsonst all mein Bestreben,
vergeblich alle Liebesmüh.

Nie lässt von sich aus der was hören,
ganz selten nimmt er sich mal Zeit,
gibt mir meist das Gefühl, zu stören,
und nun macht sich Erkenntnis breit.
Dem Menschen bin ich allenfalls
als Pausenclown mal gut genug.
Verlor'n sind Hopfen hier und Malz ,
drum gibt's jetzt diesen Schuss vor'n Bug.

Für alle, die mich gern vergessen
(nur dann nicht, wenn sie'n Dummen brauchen):
Die "Freundschaft" ist für mich gegessen -
euch kann man in der Pfeife rauchen!
Ich spiel auch nicht mehr Feuerwehr,
selbst wenn es bei euch klemmt und knackst,
renn niemandem mehr hinterher -
es sei denn, mit 'ner großen Axt!

Beipackzettel

Eins gleich vorweg: Ich hasse Streit.
Bin selbst kein Mensch, der lauthals schreit,
weil – vielleicht hast du's schon bemerkt -
laut brüllen zwar die Stimme stärkt,
nicht jedoch die Argumente;
gewöhn dich also ans Dezente!

Etwas Niveau kann ich erwarten,
wir sind ja nicht im Kindergarten.
Kommst ohne Machtkampf du nicht aus,
geh boxen, oder sonstwie raus,
tauch ganz in kaltem Wasser unter
und kühl dein Mütchen erstmal runter.

Als Freund verlässlich und als Frau,
nehm mit der Treue ich's genau.
Ich würde niemals dich belügen
und noch viel weniger betrügen.

Solltest du einst den Wunsch verspüren,
mich eiskalt hinters Licht zu führen,
ein Doppelleben zu entfalten
und eine Zweitfrau dir zu halten,
bleibt das von mir nicht unentdeckt -
egal, wie gut ihr's auch versteckt.

Ich werd auch dann nicht mit dir streiten,
jedoch den Rückzug vorbereiten
und heimlich hinter deinem Rücken,
wie du's verdienst, mich jäh verdrücken.

Beherzigst du, was hier geschrieben,
bist liebevoll, gehst auf mich ein,
werd ich dich herzlich-innig lieben
und dir stets treu ergeben sein!

Wohlmeinende Warnung
an die Frauen

Ist der Wisch erst unterschrieben
und das Ja-Wort abgegeben,
ändert sich so ziemlich alles
in dei'm bisher schönen Leben.

Denn jetzt heißt es grauer Alltag
statt wie bisher "... wie romantisch!"
und dein Rosenkavalier von einst
entpuppt sich zudem als pedantisch.

Statt zu shoppen und zu feiern
ist jetzt bügeln angesagt,
ständig putzen, waschen, kochen,
damit der Gatte bloß nicht klagt.

Mädels, seid nicht dumm:Wenn einer
euch gleich festnageln will, lauft -
wegen eines einz'gen Würstchens
wird doch kein ganzes Schwein gekauft!

Wohlmeinende Warnung an die Männer

Ist der Wisch erst unterschrieben
und das Ja-Wort abgegeben,
ändert sich so ziemlich alles
in dei'm bisher schönen Leben.

Frivole Filmchen, Bier und Fußball
mit den Kumpels war einmal.
Jetzt guckst du mit ihr „Titanic"
zum einhundertelften Mal.

Ständig gilt's, sich zu benehmen,
rülpsen, furzen sind passé;
schnarchst du, packt sie dir dein Bettzeug
auf die Couch und donnert: „Geh!"

Drum, Jungs, seid nicht dumm: Wenn eine
euch gleich festnageln will, lauft -
für ein einziges Glas Milch
wird keine ganze Kuh gekauft!

Ich geb's auf!

Menschen sind halt, wie sie sind:
Nicht nur höchst unintelligent,
nein, auch beratungsresistent;
störrisch wie Esel woll'n sie blind
mit ihrem Kopf stets durch die Wand,
ohne zu wissen, was auch immer
sie wollten, da im Nebenzimmer:
und gucken über'n Tellerrand
fällt ihnen schwer, 's ist kaum zu fassen!
Doch meist ist, was wie Bosheit scheint,
nur Dummheit und nicht bös gemeint.
Man muss sie einfach gehen lassen.

So gib dir keine Schuld am Zwist -
bekümmre dich darum nicht weiter!
Es gilt: Wem nicht zu raten ist,
dem ist auch nicht zu helfen. Leider.

Carpe diem!

Es kommt die Zeit in jedem Leben,
da man sich fragt, was man gegeben
und beigetragen, dass die Erde
zu einem schöner'n Fleckchen werde:
War ich mehr Engel? Doch mehr Ziege?
Wie nutzte ich die Göttergaben,
die sie mir legten in die Wiege?
Konnt' ich noch mehr geleistet haben?
Wo steh ich und wo wollt' ich hin?
Was hat mein Dasein für 'nen Sinn?
Bei mir als Mensch, der absolut
niemandem etwas Böses tut,
ist, trotz Schönfärbung des Bestands,
auch recht erbärmlich die Bilanz:
Gelebt hab ich demnach bis heute
stets von der Streitsucht andrer Leute.
Statt echte Freude wem zu bringen,
tat ich Profilneu-Rosen düngen,
hab sie gehegt, gepflegt, gegossen.
Zum Dank hat man mich abgeschossen.
Jedoch für einen scharfen Schnitt
braucht man mitunter solchen Tritt,
die Zweifel endlich zu besiegen
und seinen Hintern hochzukriegen
Danach ist man genaugenommen
heilfroh, dass alles so gekommen -
meist sieht man erst nach manchem Jahr,
wozu was gut gewesen war.
Zu wertvoll ist die Lebenszeit,
dass man sie solchem Blödsinn weiht!

C'est la vie

Brutale Ichmenschen sind heute
wohl hier die allermeisten Leute.
Hörst du sie reden, tönt's nur "Ich...",
"ich will aber...", "ich brauch für mich...".

Was du gern hättst, ist piepegal,
und sagst du was, kannst du sie mal:
Die zeigen nämlich ganz geschwind
dir barsch, wo deine Grenzen sind.

Als Mensch, der gerne Freude schenkt,
an andrer Wohlergehen stets denkt,
ohne zu nehmen geben kann,
ziehst du so Pfeifen magisch an.

Die beißen sich dann an dir fest
und saugen bis zum letzten Rest;
kommt nichts mehr raus - flugs sind sie weg!
Was aus dir wird, schert sie 'nen Dreck.

Die Konsequenz hab ich gezogen
und mach um solche einen Bogen.

Eselsgeschrei

Ein Esel schert sich nicht darum,
ob er nun klug ist oder dumm,
und kriegt darüber keine Falten,
was andre Esel von ihm halten.

Der Mensch hingegen -welch Narzisst! -
will klüger scheinen, als er ist.
Doch tut er's oft dem Esel gleich,
schreit sein "i-aah!" ins Weltenreich,
hat immer mächtig viel zu sagen
und redet sich um Kopf und Kragen.

Allein der Weise wird statt schriller,
je mehr er durchblickt, umso stiller.
Wenn du zur Hirnverrenkung neigst,
ist's besser, wenn du sie verschweigst.

Des Menschen Eitelkeit entlarvt
auch den als geistig unbedarft,
der stolz das Augenmerk drauf lenkt.
dass er stets das sagt, was er denkt:
Er läuft Gefahr, dass alle Welt
ihn bald für einen Esel hält.

ALLTAGS-ABENTEUER

Ach nee!

Es hatte ein Herr Neunmalklug
vom Flunkern seiner Frau genug,
die fromm mit Kopfweh schummelte,
während an ihr er fummelte.
Die Medizin, macht er ihr weis,
- und überhaupt: Bewiesen sei's! -
hat rausgefunden vor 'ner Weile,
dass Kopfschmerzen mit Sex man heile.

Die Gattin, die meist heimlich flucht,
wenn endlos er den G-Punkt sucht,
hat sich für Ehrlichkeit entschieden
und Ausreden fortan vermieden:
"Bleib mir vom Hals, blutiger Laie,
und krieg das jetzt mal auf die Reihe!
Lern du erst, wie man's richtig macht,
und dann komm wieder! Gute Nacht!"

Und die Moral von der Geschicht':
Nicht immer ist, wer offen spricht
und andren damit Schmerz zufügt,
ein bessrer Mensch als der, der lügt.
Wer andrerseits sich gerne brüstet,
dass ihn nach Wahrheit stets gelüstet,
der überlege vorher still,
ob er sie denn auch hören will!

Neuzeitplage

Nachbarn sind, ganz ohne Frage,
eine neuzeitliche Plage.
Wo Gott einst Heuschrecken entsandte,
wenn er in heil'gem Zorn entbrannte
über der Menschheit Unverstand,
wo er vernichtete das Land
oder die Sintflut regnen ließ,
da ist er heut besonders fies,
hat sich den Nachbarn ausgedacht,
der 's Leben uns zur Hölle macht.

Und als der Nervtötungsgigant
sei hier der Heimwerker genannt,
der gern in Wohnanlagen nistet.
Wer dort sein täglich Dasein fristet,
der kennt den Stümper -alter Schwede!-
und weiß genau, wovon ich rede:
Nach Feierabend, kaum zu Haus,
packt er die Black und Decker aus,
rammt kühn den Stecker in die Dos'
und bohrt mit frohem Mut drauflos.

Das geht dann so bis 10 Uhr nachts.
Wo was zu werkeln - Papa macht's!
Und samstags morgens kurz nach acht
(hab grad die Augen aufgemacht)
nimmt er das Ding erneut zur Hand -
macht der ein Sieb aus seiner Wand?

Er schraubt und hämmert, klopft und bohrt,
von früh bis spät lärmt und rumort
es über, unter, neben mir -
man wird bekloppt, das sag ich dir!

Es muss mein schlechtes Karma sein -
das brockt mir dieses Süppchen ein.
Und während lustlos ich drin rühre,
geht's mit mir durch: Ich fabuliere,
wie ich den Störenfried verbiege,
wenn ich ihn in die Finger kriege!

Ich winde mich in Agonien -
doch negative Energien
soll man ja kanalisieren.
Drum, statt den Kerl zu malträtieren,
eiskalt zu waschen, wachsen, ledern
und erst zu teeren, dann zu federn,
tauch ich ins Wasser mein Gesicht
und schreib stattdessen dies Gedicht.

Und weil ich ja so wunderbar
geduldig und gelassen war
(entgegen meiner Intention),
werd' ich mich jetzt dafür belohnen
mit einem Eis aus Kakaobohnen.
PS: Der Eismann duzt mich schon!

Das Interview

Da steh ich so nach Feierabend,
kalte Finger, Hunger habend,
geschafft vom Schwung des Hamsterrads
missmutig am Paradeplatz,
zünd mir 'ne Zigarette an
und wart auf meine Straßenbahn.

Mit mir steh'n dort noch hundert Mann,
ich guck mir so die Leute an,
denk an nix Böses, als genau
in dem Moment 'ne junge Frau
- mit großer Tasche um - mich sieht
und flugs ein Mikrofon rauszieht.

Zielstrebig stürmt sie auf mich zu,
stellt sich kurz vor und flötet: „Du,
isch kumm vun Radio Dauerwelle -
derf isch e klänni Froog dir schdelle?"
Zwar bin ich drauf nicht grad erpicht,
nick aber huldvoll: „Warum nicht...".

Vielleicht ein nettes Wortgefecht?
Doch dann denk ich, ich hör nicht recht:
Die fragt mich allen Ernstes keck,
was ich denk, wonach Sperma schmeck'.
Das schlägt den Boden aus dem Fass -
seh ich so aus, als wüsst' ich das?!

Normal um Worte nicht verlegen,
kann ich nur stumm den Mund bewegen.

Mir fallen alle Sünden ein -
und die Kollegen erst (oh nein!),
die jetzt in ihren Autos sitzen
und mich hör'n. Ich bin am Schwitzen.

Hab keinen Plan, zu meinem Kummer,
wie ich da rauskomm aus der Nummer,
und guck noch recht dumm aus der Wäsche,
da springt ein Pärchen in die Bresche:
„Isch mag des", kräht sie unverdrossen,
„nachdem er Ananas genossen!"

Herbstfreuden

Jetzt geht sie wieder los, die Zeit,
da Menschen ein Lokal besuchen
zwecks Heiter- und Gemütlichkeit
bei neuem Wein und Zwiebelkuchen!
Was ja, wie mehrheitlich bekundet,
fast jedem Gaumen trefflich mundet.

So traf auch ich mich jüngst mal wieder
in einer Straußwirtschaft am Rhein
mit meinem alten Spezi Dieter
auf ein, zwei Schoppen neuen Wein.
Der Winzer bracht' ihn aus dem Keller
samt Zwiebelkuchen auf dem Teller.

Was für die Zunge wie ein Kuss,
ist für den Darm wie Medizin:
Oh dieser Duft! Welch Hochgenuss!
Du Sprudelquell fürs Dopamin!
Es hielt uns kaum mehr auf den Stühlen:
So musst' sich Gott in Frankreich fühlen!

Die Zeit verrann fast wie im Fluge.
Für Seel' und Körper durchaus labend
und herzerfrischend in dem Zuge
war denn auch diesmal unser Abend.
Zu später Stunde trat man dann
beschwingt und froh den Heimweg an.

Was dann geschah, ihr ahnt es sicher:
Ich war kaum raus aus jenem Ort,

da meld'ten immer nachdrücklicher
sich Wein und Zwiebeln klar zu Wort.
Ich, guten Muts: Das schaff ich schon,
bald sitz zuhaus ich auf dem Thron.

Doch aus dem Grummeln wurd' ein Grollen.
Grundgütiger! Warum nicht später?
Hätt' ich noch etwas bleiben sollen?
Vor mir noch zwanzig Kilometer!
Die ziehen sich wie Kaugummi -
oh jemine, das schaff ich nie!

Gesicht verzerrt, der Leib stocksteif
und angespannt bis zum Zerreißen,
während die Backen ich zukneif,
steh ich verzweifelt auf dem Eisen
und frag mich, warum man Genuss
stets hinterher so büßen muss?

Endlich zuhaus! Erlösung naht.
Das war jetzt höchste Eisenbahn.
Ich gönn mir ein Entspannungsbad.
Tags drauf rief mich der Dieter an.
Ihn hat, wie er mir mitgeteilt,
dasselbe Schicksal auch ereilt!

Ernüchterndes Wiedersehen

Der Zufall will's, ich treff nach Jahren
'ne Freundin aus vergangnen Tagen;
doch nun muss ich verblüfft erfahren:
Man hat sich nicht mehr viel zu sagen.

Und während ich hochkonzentriert
im Kaffee rühre, wünscht' ich sehnlich,
dass sie sich schnell verdünnisiert.
Der anderen geht's spürbar ähnlich.

Wie ist das möglich? frag ich mich.
Wir war'n ein Herz und eine Seele!
Jetzt schlürft sie Kaffee, einsilbig,
staubtrocken ist auch meine Kehle.

Weiß nichts zu sagen - das ist selten -
verdammt, es muss ein Thema her!
Jedoch ich merk, uns trennen Welten.
Da endlich ist der Kaffee leer.

Und man verabschiedet sich höflich:
"Das müssen wir bald wieder tun!"
Bloß nicht, denk ich, wie kataströflich!
Was tot ist, lässt man besser ruh'n.

Einem besonders Mutigen zur Hochzeit

Heute steht das Städtchen Kopf!
Ihr schmeißt nun beide treu ergeben
alles, was euch, in einen Topf
und geht ihn ein, den Bund fürs Leben.
Drum ist hier alles auf den Beinen
und eilt zur Kirche, euch zu einen.

Für dich ist's schon das zweite Mal,
dass du dich traust, mein Junge.
Das ist bemerkenswert, zumal
du selbst ja stets mit lockrer Zunge
als eingeladener Hochzeitsgast
die Brautleute veräppelt hast.

Doch deine Holde hat's geschafft
mit Herzenswärme, ihrem Charme
und sanfter Überzeugungskraft:
Du führst die Braut an deinem Arm
und trägst sie bald über die Schwelle -
denn nun stehst du an dieser Stelle.

Mög' eure Liebe ewig währen
und ihr euch stets auf Händen tragen!
Der Hochzeitstag, er soll sich jähren,
ihr auch, wenn's stürmt, nicht gleich verzagen.
Immer Glück und niemals Schmerzen -
das wünsch ich euch von ganzem Herzen!

Alles Gute!

Zu hoch gepokert

Einst saß im Dorf ein Mann am Tresen
im Wirtshaus ganz für sich allein,
da trat das allerschönste Wesen,
das er je sah, zur Tür herein.
Und nach ein wenig Kopfzerbrechen,
wie wohl die Dame anzusprechen,
entschied er sich für einen Wein -
"ach, und vom Besten muss er sein!"

Und dazu schrieb er noch: "Gnä' Frau,
bei Ihrem Anblick wird mir flau!
Wär'n Sie so nett, mich zu beehren,
dies Fläschchen Wein mit mir zu leeren?"
Und so kredenzt der Ober ihr
den edlen Tropfen - samt Papier.

Die Dame liest und schreibt zurück:
"Verehrter Herr, Sie haben Glück!
Gesellschaft leist' ich Ihnen gern
bei dieser Flasche Wein, sofern
ein Nobelschlitten blitzeblank
hier draußen parkt, und bei der Bank
an Guthaben erwart' ich schon,
na, sagen wir mal: 'ne Million;
auch gibt es von mir kein Gezeter,
wenn pralle zwanzig Zentimeter
die Hose zwischen Ihren Keulen
ein schönes Stück nach außen beulen.
Ein Ferienhaus auf den Kanaren
schlussendlich wär' echt abgefahren!"

Der Mann schreibt schmunzelnd ihr nochmal:
"Täglich hab ich die Qual der Wahl,
Verehrteste, zwischen Mercedes,
Ferrari, Jaguar und per pedes.
Auf Konten bei acht Schweizer Banken
liegen je zwei Millionen Franken,
die mir gehören - abzugsfrei.
Und Ferienhäuser hab ich drei:
Karibik, Bali, Normandie.
Doch never ever! Niemals! Nie!
Nicht für die schönste Frau der Welt,
egal, wie gut sie mir gefällt,
nie würd ich den Verlust erleiden,
drei Zentimeter abzuschneiden!
Ach, geben Sie die Flasche doch
einfach zurück. Schön' Abend noch!"

Sterbehilfe

Gestern Abend vorm TV
Diskussion mit Ehefrau;
über 's Leben und den Tod
sprachen wir beim Abendbrot.

Heikles Thema, keine Frage!
"Schatzi - hör, was ich dir sage:
Sollt' es irgendwann passieren,
ich nur noch hinvegetieren,
wenn ich bloß rumlieg ohne Sinn
und dämmere so vor mich hin,
abhängig von Flüssigkeiten,
die aus Flaschen in mich gleiten,
von Maschinen, Monitoren
und Computerprozessoren,
die am Leben mich erhalten
versprich mir, diese abzuschalten!"

So schloss ich flammend meine Rede.
Da stand sie auf und machte mir
PC und Fernseher aus. Mein Bier
kippte sie weg - die Kuh, die blöde!

GEFÜHLS-DUSELEIEN

Schön, dass es dich gibt!

Es ist zwar spannend, immer wieder,
wenn neue „Freunde" man entdeckt
und merkt, was unter dem Gefieder
für'n schräger Vogel druntersteckt.
Doch auch die kochen nur mit Wasser
die bunten Federn werden blasser.

Und bald verliert's den Reiz, das Neue,
besinnst du dich auf den bewährten
Freund, der dir eisern hält die Treue:
den guten, alten Weggefährten -
den wundervollen, einzig-wahren,
den du schon kennst seit vielen Jahren.

Bei dem du sein kannst, wie du bist,
der nicht versucht, dich zu verbiegen;
der dir stets wohlgesonnen ist
und nicht mit Goldschmuck aufzuwiegen.
'ne Freundin, wie ich grad beschrieb,
die hab ich: Schnucki, hab dich lieb!

Ansichtssache

Als kleines Kind war meine Mama
für mich die schönste Frau der Welt;
meinen Papa fand ich klasse,
er war für mich der Superheld.

Heute geht mir das mit dir so;
egal, wie andre dich auch seh'n,
ob arm, ob reich, groß oder klein -
für mich bist du ein Phänomen.

Wichtig ist, wie ich dich sehe,
auch wenn das für dich "Mumpitz" ist:
Könntst du in mein Herz reingucken,
wüsstest du, wie toll du bist!

Was sind die wichtigsten drei Worte, sprich?
Und prompt sagst du zu mir: "Ich liebe dich!"
Mitnichten! Was hält Liebe ewig jung,
sind "danke", "bitte" und - "Entschuldigung!".

Brückenidylle

Ach Herzele, reg Dich nicht auf!
Für Dich nähm ich das gern in Kauf:
Wenn unterm Himmelszelt Du pennst
und keinen Cent Dein eigen nennst,
würd ich mein Schokoeis Dir geben,
mit Dir von Luft und Liebe leben,
die Sterne zählen und verstohlen
des nachts Dir einen runterholen:

Und unterm Brückenpfeiler weilend,
mein letztes Schlückchen Rotwein teilend,
räumt' ich, bevor ich selbst mich leg,
Dir jedes Steinchen aus dem Weg.
Dann würd ich uns ein Feuer machen,
Dich liebevoll im Schlaf bewachen
und jeden Eierkopf verhauen,
der's wagt, den Tag Dir zu versauen!

Kaffeesymphonie

Wenn ich schon aus dem Bette muss,
freu ich mich auf den Hochgenuss
und halte auf dem Weg ins Bad
erstmal am Kaffeeautomat.

Der schönste Teil des Tags beginnt,
wenn die Maschine zischt und klopft,
Heißwasser durch das Röhrchen rinnt
und auf das Kaffeepulver tropft.

Denn das Ergebnis dieser Paarung
ist eine echte Offenbarung -
mmmh, dieser Duft, wenn frisch gebrüht
er durch die ganze Wohnung zieht!

Was kann es denn noch Bessres geben,
als so ein Käffchen zum Erheben,
wo jeder Schluck den Gaumen streichelt
und Hirn und Seele sanft umschmeichelt?

Der 53. Geburtstag

Ich bin, und das missfällt mir sehr,
nun keine 29 mehr,
denn wieder ist ein Jahr vorbei
und aus der 2 wurd' eine 3.
Mit andern Worten: Bin jetzt 30.
Die Uhr läuft ab, und bald wohl beiß ich
ins Gras.
Nein, Spaß! :-)

Und wer's jetzt wagt, mich alt zu nennen,
der lernt mich gleich mal richtig kennen:
Dem droh ich mit dem Stock - ich schwör! -
und werf 's Gebiss ihm hinterher;
zudem werd ich ihn noch verfluchen,
dass jedes Mal der Rentner zehn
in aller Ruh nach Kleingeld suchen,
die vor ihm an der Kasse steh'n.

Allen jedoch, die an mich dachten,
mir liebevoll Geschenke machten
oder 'ne nette Nachricht schickten
und mich mit Anrufen beglückten,
sag ich von Herzen, durch die Bank:
Ihr seid echt spitze – vielen Dank!

Zum Valentinstag

Aus Ami-Land kam's zu uns rüber:
das Valentins-Geschenkefieber.

Man soll, hört man die Werbung dröhnen,
die Liebsten ordentlich verwöhnen
und zeigen, dass man an sie denkt,
indem man möglichst Teures schenkt.

So schafft man's, ohne lang zu schwurbeln,
gleich noch die Wirtschaft anzukurbeln.
Und insgeheim frohlocken sie -
der Handel und die Industrie.

Die schönsten Dinge auf der Welt
bekommt man aber nicht für Geld.

Drum gibt's von mir nur diese Zeilen,
denn ich hab dir was mitzuteilen:
Wie ich mich jeden Tag aufs Neue
darüber, dass du da bist, freue.

Ich denk an dich die ganze Zeit,
nicht nur bei der Gelegenheit.
Dass ich dich liebhab, weißt du ja,
und ich bin immer für dich da.

Das Wasser reichen kann dir keins -
für mich bist du die Nummer Eins!

GEDANKEN-SPLITTER

Die Qual der Wahl

Im Leben jeder Frau kommt mal
die Zeit, da steht sie vor der Wahl,
ob Elefant oder Gazelle -
heißt: Rohkost oder Frikadelle.

Mich zu kasteien, liegt mir fern,
denn dafür ess ich viel zu gern.
Adieu, Gazelle! Ruh' in Frieden:
Hab mich für Elefant entschieden!

Halloween!?

Als Gruselmonster, Hexenmeister,
Gespenster, Zombies, böse Geister
verkleiden sich heut Jung und Alt
und ziehen so von Haus zu Haus.
Mich lässt das alles völlig kalt -
so seh ich jeden Morgen aus!

Beschwerde!

Jeden Dienstag, Punkt 5 Uhr,
Mordskrawall in Feld und Flur:
Der Bürger keinen Wecker braucht,
wenn drauß die Kehrmaschine faucht
fast wie im Gruselkabinett -
dann steht er kerzengrad im Bett.

Und schnöde aus dem Schlaf gerissen,
zerknüllt er wüst das arme Kissen
und stößt solch grobe Flüche aus,
dass selbst der Teufel nimmt Reißaus.
So muss er seinen Tag beginnen,
weil die im Stadthaus scheinbar spinnen.

Sehr geehrter Bürgermeister,
als Oberhaupt der Plagegeister!
Die werden flehentlich gebeten,
den Dienst woanders anzutreten -
vielleicht sogar in Ihrer Straße.
Sie können ja, nur so zum Spaße,
im kuscheligen Bürohafen
an Ihrem Schreibtisch weiterschlafen!

Morgenmetaphorisches

Eines verwirrt mich noch komplett:
So mancher hüpft aus seinem Bett
wie ein Toast aus einem Toaster.
Ich hingegen bin der Toast, der,
wenn man Nutella auf ihn reibt,
hinunterfällt. Und liegenbleibt.

Sonntags

Heut mach ich nix - nur in der Not,
wenn's geht um Leben oder Tod!

Zu eurer Information:
Klingel, PC und Telefon
bleiben bei mir am Sonntag aus.
Ich lass auch keinen rein ins Haus,
der vor der Türe steht und pocht.
Ich geh nur ab und zu ins Bad
und latsche einen Trampelpfad
vom Sofa bis zu der Maschine,
die ich als einziges bediene,
weil sie mir lecker Kaffee kocht.

Nachts geht's ins Bett auf leisen Sohlen,
denn von dem Tag, der so verheerend
anstrengend, hart und kräftezehrend,
muss ich mich dann im Schlaf erholen!

November 2014

Wieder kam ein Mensch ums Leben
durch den Einsatz von Gewalt:
Totgeprügelt! Und mal eben
dreiundzwanzig Jahre alt.

Mund viel zu weit aufgerissen,
immer noch eins draufgesetzt,
wie vom wilden Watz gebissen -
Situation falsch eingeschätzt.

Und der Junge, der 's getan hat?
Auch sein Leben ist versaut,
die Zukunft hat er damit glatt
sich ein für allemal verbaut.

Einmal zu oft zugeschlagen.
War's das wert, frag ich mich bloß;
ist echt schlimm in diesen Tagen -
was ist nur mit den Leuten los?

Weiser Rat

Bedenke stets, dass alle Leute,
die gestern plötzlich sterben mussten,
noch Pläne hatten, auch für heute,
und nichts von ihrem Ende wussten.
Deshalb sieh dein Leben, Mann,
nicht für selbstverständlich an!

Talentfreiheit im Rampenlicht

Früher, als - vor manchem Jahr -
Bescheidenheit noch Mode war
und echte Stars ihr Lied gesungen,
kaum dass der letzte Ton verklungen
und sie das Scheinwerferlicht traf,
verbeugten sie sich artig-brav
und lächelten ins Publikum.
Heut ist das Ganze anders rum.

Von Hinz und Kunz wird ungeniert
mit großen Gesten dilettiert.
Selbst wenn die Witze alt und fade,
die Töne schief und ungerade,
die Vorstellung zum Heulen war,
fühlt jeder Dorfdepp sich als Star.
"Hauptsache, ich werd berühmt!"
heißt es dann noch unverblümt.

RTL-Dschungel

Es spaltet die TV-Nation
das Dschungelcamp - ihr kennt das schon.
Die einen schau'n sich's an und lachen,
wie Menschen sich für ein paar Kröten
ganz freiwillig zum Affen machen
und ihren Stolz mit Füßen treten.

Die andern, die sich d'rob entrüsten
und lauthals sich stets damit brüsten,
sie schauten sowas nie und nimmer
und zieh'n sich lieber Bildung rein,
sie wirkten - fürchten sie - sonst dümmer,
die setzen mehr auf Schein statt Sein.

Doch was zeigt uns die Geschicht?
Sich klug zu stellen nützt meist nicht.
Bei wem's an allen Ecken hapert -
egal, wie intellektuell
er dabei tut -, man merkt's recht schnell
am Blödsinn, den er sonst so labert,

NEUES AUS DEM BÜRO

Kollegentypen:
Der Chef

Damit's dem Menschen auf der Erde
zu Lebzeiten nicht zu wohl werde,
hat während seiner Mußestunden
der Teufel einst den Chef erfunden.

Dass „ohne" es nicht gehen kann,
glaubt deshalb heut ein jedermann -
als designierter Amtsinhaber
vor allem der Chef selber aber.

Er denkt, er sei hineingeboren
oder vom Schicksal auserkoren
und als einz'ger in der Lage,
dass er, wo's langgeht, allen sage.

So hält er sich für unentbehrlich,
warum, ist nicht so recht erklärlich.
Es zeigt ja die Geschichte klar,
dass dies stets schon ein Märchen war.

Kein Mensch ihn ernstlich je vermisst,
wenn er nicht in der Firma ist.
Ach, mög' er doch nicht zu oft stören
und sich zu seinem Schöpfer scheren!

Kollegentypen:
Der Feldwebel

Ist er im Haus, wird's richtig doof:
's geht zu wie im Kasernenhof,
und allen ist auf Anhieb klar:
Der Mensch hier, ja, der stellt was dar!
„Ich Chef! Du nix!" So denkt der Mann,
da lässt er keinen Zweifel dran.

Aus Angst, man nähme ihn nicht ernst,
guckt er stets grimmig – dass du's lernst.
Du fühlst sich unter seiner Knute
wie'n Kind vorm Weihnachtsmann - mit Rute.
Wenn er dich in den Senkel stellt,
die Temperatur auf Subnull fällt.

Nichts hasst er mehr als Widerrede,
für ihn ist's der Beginn der Fehde;
das grenzt an Gotteslästerung,
ja, Majestätsbeleidigung.
Zum Glück inzwischen abgeschafft
sind Prügelstrafe, Dunkelhaft!

Kollegentypen:
Der Chaot

„Schreck, lass nach!" Der Schock tief sitzt,
wenn du sein Heiligstes betrittst,
und du fragst dich erstmal bange:
War'n hier die Einbrecher zugange?
Ist ein Orkan quer durchgefegt,
ein Poltergeist, der sich hier regt
und weder sterben kann noch leben?
Bei ihm sieht's aus, als ob grad eben
'ne Bombe eingeschlagen hätt' -
kurz: wie bei Hempels unterm Bett.
Sein Schreibtisch ist auch eine Zier
inmitten Bergen von Papier,
und um bis zu ihm vorzudringen,
muss Aktenberge man bezwingen,
die um ihn rum, verstreut in Haufen,
sich türmen. Oder Slalom laufen.
Den echten Künstler sieht man hier
am Stilleben: Noch mehr Papier,
'ne Flüssigkeit im Kaffeepott
(was es mal war, das weiß nur Gott!),
ein angebissnes Käsebrot
nebst einer Fliege, welche tot.
Und an der Staubschicht man erkennt:
Hier starb Napoleons Regiment.
Was für die meisten Folter wäre,
er selbst braucht diese Atmosphäre;
Kleingeister sind's, die Ordnung halten,
während Genies im Chaos walten!

Kollegentypen
Der Choleriker

Meist ist er recht gut zu ertragen.
Wo Zartbesaitete verzagen,
schlägt seine Stunde – er prescht vor,
besitzt sogar durchaus Humor.

Bedenklich wird's nur in den Fällen
- und dann schlägt er mächtig Wellen -,
wenn beispielsweise er was sucht.
Man hört's im ganzen Haus: Er flucht,
macht jeden, den er sieht, zur Sau,
und zwar egal, ob Mann, ob Frau.

Sobald er solchermaßen spinnt,
sieht man zu, dass man Land gewinnt;
als Blitzableiter seiner Wut
ist man sonst bald ganz klein – mit Hut.
Mit ihm ist nicht gut Kirschen essen,
wenn ihn profane Dinge stressen.

Geht alles glatt in seinem Sinne,
hat er die Siegerpose inne.
Sein Barometer steigt rapid:
Er strahlt dich an und pfeift ein Lied.

Kollegentypen:
Der Ellenbogenmensch

Ein Mensch selbst merkt nicht, wenn er tot,
es ist nur für die andern schwer.
Genauso ist's, wenn er 'n Idiot,
denn alle leiden – nur nicht er;
denkt Wunder noch, wie klug er sei,
und ist doch dumm wie'n Wachtelei.

Mutter Natur ist dem begegnet,
dass diese Spezies untergeht,
und hat diejenigen gesegnet
statt Hirn mit Aggressivität
und sehr robusten Ellenbogen,
damit sie nicht den Kürzern zogen.

Der Klügere gibt nach, wie's heißt -
deshalb wird auch die Welt regiert
von Rabauken, arm an Geist,
die sich zwar zutrau'n, wie man führt,
doch ohne Plan. Und das ist so
auch - und gerade! - im Büro.

Kollegentypen:
Mimosen

Humor ist eine seltne Gabe,
doch jeder glaubt, dass er ihn habe.
Leider erschöpft sich der zumeist
darin, dass einer 'n Flachwitz reißt,
sich über andre lustigmacht
und jeder sich halbtot noch lacht.

Sie mögen es, zu kritisieren,
vor'n Kopf zu stoßen, zu blamieren,
in andrer Leute Kram zu wühlen
und sich als Übermensch zu fühlen,
verbal dir ins Gesicht schlagen -
doch ohne 's Echo zu vertragen.

Zahlst du zurück mit gleicher Münze,
im Handumdrehen beleidigt sindse
wie die berühmte Leberwurst;
sie nehmen's krumm, wenn du nicht spurst,
stürmen hinaus und knallen die Tür
und reden Wochen nicht mit dir.

Doch jeder Hartbandagenkämpfer
bekommt naturgemäß mal 'n Dämpfer.
Was diese Leute wohl nicht wissen
und unbedingt noch lernen müssen:
Einstecken muss, wer austeil'n will.
Kannst du das nicht, sei eben still!

ZUGABE: GASTBEITRAG

Der Ritter

Es stand einmal ein Ritter
in seiner Rüstung im Gewitter.
Da schlug der Blitz
-das ist kein Witz!-
in ihn hinein.
Das arme Schwein.
Woran er hätte denken müssen,
was heutzutage alle wissen:
Hast du nur Kleidung aus Metall,
dann bleib, wenn's blitzt, zuhaus im Stall!

(Bernd Müller)

Nachwort:

Mein besonderer Dank gilt diesmal den folgenden Personen (alphabetisch), deren tatkräftige Mithilfe maßgeblich zum Gelingen dieses Büchleins beigetragen hat:
Bernd Müller für seine Spontandichtung,
Claudia Johns für das Porträtfoto und im übrigen die Grundversorgung mit Kaffee und Butterkeksen,
Käthe Weber für die Buchstabennudelsuppen-Orgie, die eines Sonntags etliches an Heiterkeit hervorgerufen und zum Entstehen des Titelfotos geführt hat,
Norbert Schmiedberger für sein warmherziges (und äußerst schmeichelhaftes) Vorwort,
Peter Keller für die gelungene Dekoration der Autorin auf dem Porträtfoto
und allen gemeinsam für die ständige Inspiration, ihre Freundschaft und einfach dafür, dass sie da sind. Hab Euch lieb :-)

Heidi Friedrich

Impressum:

Fotos:
Käthe Weber (Titel)
Claudia Johns (Rückseite)

Texte:
© Bernd Müller (Der Ritter)
© Heidi Friedrich (alle anderen)

Herstellung und Verlag:
BoD – Books on Demand, Norderstedt
ISBN: 978-3-7347-6926-9